उधड़े बुने अलफ़ाज़

अनकहे एहसासों की डायरी

शैरी जैन

Made with ❤ on the BookLeaf Publishing Platform
www.bookleafpub.in
www.bookleafpub.com

Dedication

वो सुबह भी तो हर रोज़ जैसी ही थी,
मगर वो शाम आँगन सूना कर गई।
माना यादें हैं,
पर वो डांटती नहीं,
घर कब लौटोगी पूछती नहीं,
पास बिठाकर पुचकारती नहीं,
रीति-रिवाज समझाती नहीं।
आवाज़ भी कहाँ लगती है,
प्यार कहा जता पाती हैं।
हाँ, यादें हैं—
बस अब सिर्फ़ यादें ही तो हैं।

***

मेरे दादा-दादी और नाना-नानी के नाम—
आपकी कहानियाँ, दुआएँ और अनुभव
आज भी मेरे अंदर ज़िंदा हैं।

Preface

कभी-कभी शब्द लिखे नहीं जाते –
वे बस भीतर उभरते हैं,
जैसे किसी बीती याद की धीमी आह।
ये कविताएँ भी वैसी ही हैं।
कुछ जगहों पर ये उधड़ी हुई हैं,
कुछ जगहों पर मैंने इन्हें रफ़ू किया है,
और कहीं-कहीं इन्हें अनछुआ रहने दिया –
जैसे अधूरापन भी एक सच्चाई हो।
अगर इन पंक्तियों में आपको
अपना कोई भूला जज़्बा, कोई पुराना सवाल,
या कोई अनकहा एहसास मिल जाए—
तो समझिए, ये कविताएँ सिर्फ मेरी नहीं थीं।

ये इंतज़ार कर रही थीं –
आपके पढ़े जाने का।

Acknowledgements

मेरे माता-पिता को–
जिन्होंने मुझे शब्द देने से पहले
संवेदनाएँ देना सिखाया।

मेरे पति को–
जिन्होंने मुझे प्रकाशित करने की प्रेरणा दी
और हर कदम पर मेरा सहारा बने।

मेरे परिवार को–
जिन्होंने मेरे अधूरे वाक्यों को
धैर्य, अपनापन और विश्वास से सुना।

कृतज्ञ,
शैरी

अर्द्धविराम (;)

पर्याप्त है, पर प्राप्त नहीं।
विश्राम है, परंतु विराम नहीं।
सम्पूर्ण होने से ठीक पूर्व,
जहाँ हम खड़े हैं,
उसे ही अर्द्धविराम कहते हैं।

***

उलझन

सही-ग़लत के तराज़ू में
रिश्तों का आख़िर मोल क्या?
तेरे हिस्सों और क़िस्सों में,
छुपा हुआ वह तोल क्या?
पूर्ण सत्य का स्वरूप कहाँ
इस प्रश्न का भूगोल क्या?
ना प्रेम कहीं कमतर पाया,
फिर मन में ऐसा झोल क्या?
जो न हिल सके, न बढ़ सके
वह अडोल वृक्ष-सा निर्णय क्या?
जहाँ तर्क स्वयं मौन हो जाए
वहाँ हर अर्थ का गोल क्या?
जो न ठोस है, न वाष्प-सा
फिर यह विचित्र-सा घोल क्या?
जो महत्वाकांक्षा से दूर रहे,
संयम वाणी पर जो धरे
तो फिर यह अनकहा-सा बोल क्या?

***

सूझ-बूझ के ठेकेदार

इस करोड़ों की आबादी में
शायद कुछ लोग –
हमारी सोच को जकड़ने का
अपना पैदायशी हक़ समझते हैं।
जो हमें कुछ भी कहने,
और सुनाने का हुनर रखते हैं,
और जिन्हें सदैव
टिप्पणी का वरदान प्राप्त है।
और हम –
अहमक लोग,
उन्हें ईश्वर की नेमत समझकर
उनसे खौफ़ खाते हैं।
कौन हैं वो लोग?
कहाँ से आते हैं?
क्या उनके बदन पर कोई दैविक चिन्ह होता है?
या वे किसी अदृश्य ऊर्जा से अवतरित होते हैं?
मैं मालूमात करने निकल पड़ी –
खोजने से उनके घर न मिले।
किसी की सोच में मिले,
किसी के पड़ोस से गुज़रते देखा,

किसी की दीवार पर कान धरते पाया,
किसी के सुख से ईर्ष्या करते,
और किसी के दुःख पर खिलखिलाते।
पर घर... फिर भी न मिला।
मैं ताजस्सुस के साथ तलाशती रही।
फिर रास्ते में
मेरी मुलाक़ात कुछ दिलचस्प शख़्सियतों से हुई –
जो मुझे जाने बगैर
मेरी ही उपहास करते मिले।
मैंने पास जाकर देखा –
और ज़ोर से हँस पड़ी।

***

कोपभवन

मैं मौन हूँ – मूर्ख नहीं।
मैं कौन हूँ?
यह कैसा प्रश्न है?
जो तुम बूझ सको
तो वही मुलाक़ात होगी।
जहाँ संवाद अधूरा है,
और मेरे शब्द बिखरे...

तुम अहं तजकर आना,
और मैं मर्यादा ओढ़कर आऊँगी।
जहाँ विरह के सुर सुनाई दें
वही द्वार का संकेत है।

जहाँ मैं तुम्हें स्वीकार्य न रहूँ,
या तुम मेरी कल्पना से भिन्न लगो
वहीं होगी रणभूमि।
जहाँ जीत के बाद भी हार हो,
जहाँ रात अंतहीन प्रतीत हो,
जहाँ मस्तिष्क में झंकार हो,
पर हृदय में सत्य का वास हो

वहीं होगी अग्निपरीक्षा।

तुम हिम्मत से काम लेना।
अगर भेद सके हम
उस चक्रव्यूह को,
तो भोर निश्चित है।
हम जीत जाएँगे।

और उपहार स्वरूप
हमें मिलेगा
एक दूजे का साथ
उम्र भर का।

***

आख़िर ग़लत है कौन?

ऐ ज़माने – देख तेरी वफ़ा,
ग़ैर खुश हैं... और अपने ख़फ़ा।
नज़रों की वो नज़ाकत खो गई कहीं,
लफ़्ज़ों की लियाक़त भी भूल बैठे सभी।
अब याद बस वही रह गए–
फ़िज़ूल के किस्से, और टूटे, बेजोड़ हिस्से।
कह नहीं सकते कब क्या ग़लत हुआ,
कौन सही था और कौन बेवजह जलील हुआ।
पर जीत उसी की होती है
जो वक़्त से आगे बढ़ता रहा,
ज़हर के घूँट पीकर भी मुस्कुराता रहा।
माना ... ग़म तेरे आज भी हरे हैं,
मगर देख, दिल अभी भी प्रेम से भरे हैं।
तू बाहें खोल,
देख ...अपने अब भी खड़े हैं।
भूल मत , बचपन में भी
हम कितने लड़े हैं...
हम कितने लड़े हैं।

***

कौतूहल

कुछ कौतूहल भरे सवाल हैं,
कुछ पहेली जैसे रास्ते।
कुछ संकोच में लिपटे हुए,
कुछ अनुभवों की सीख हैं।
कुछ ख़्वाब हैं, कुछ आरज़ू,
कुछ खाली सी जगह भी है।
कुछ पुराने गुलाबों की महक,
कुछ खरोंचों के निशान भी हैं।
पर जो सबसे बेशकीमती है,
*वो है — **सुकून।***
बाक़ी सब तो सिर्फ़ कोलाहल है—
मेरे भीतर का,
जिसके कोई जवाब नहीं।

***

मुखोटे... ज़रूरी हैं

मुखोटे... ज़रूरी हैं।
कुछ जज़्बात छिपाने को,
कुछ ख्वाहिशें बचाने को,
कुछ रिश्ते थामे रखने को,
कुछ यादें पीछे छोड़ आने को।
कुछ सपने फिर से बुनने को,
कुछ दर्द चुपचाप सहने को—
और बस...
कुछ देर इस दुनिया से नहीं,
खुद से ओझल हो जाने को।
मुखोटे ज़रूरी हैं।
बहुत... ज़रूरी हैं।

***

ज़्यादा

जो पर्याप्त से अधिक है, वो ज़्यादा।
या जो दायरे से बाहर है, वो ज़्यादा।
जिसे सहजता से स्वीकारा न जाए, वो ज़्यादा।
या जो सोचने में अटपटा लगे, वो ज़्यादा।
जो स्वादानुसार से अत्यधिक हो, वो ज़्यादा।
या जो असंख्य, अपार, अपरिमित हो, वो ज़्यादा।
जो विचित्र विचारों का मिश्रण हो, वो ज़्यादा।
या जो शून्य से भिन्न हो, वो ज़्यादा।
जो सामाजिकताओं में न बंधे,
जो विवश करे, मुश्किल लगे, बेहद लगे
या बदलाव करे, वो ज़्यादा।
या जो क्रांति का आग़ाज़ करे,
लहरों को निडर पार करे, वो ज़्यादा।
आख़िर, कौन तय करता है
यह "ज़्यादा"?

***

अनकहा एहसास

कभी जब सन्नाटों में शोर सुनाई दे,
गहरे अंधेरों में कोई चेहरा दिखाई दे।
जब शून्य लगने लगे सब कुछ,
और चेहरे पर बेवजह मुस्कान सजे।
जब चाँद से दोस्ती होने लगे
और अचानक दिल रोने लगे।
जब बेचैन रातें काटने लगें,
सब होते हुए भी सब व्यर्थ लगे।
जब तन्हा बैठकर बड़बड़ाने लगे,
और हर चीज़ मानो गड़बड़ लगे।
जब पूरा होकर भी दिल न लगे,
और बेमतलब सा जहान लगे।
जब कुछ खो देने का एहसास जागे,
और बिन पतझड़ के फूल झड़ने लगें—
तब सवाल बस इतना उभरता है—
आख़िर दिल इतना क्यों जले?

***

धीमी आँच

ये जो धीमी आँच पर उबल रहा है,
यह महज़ एक बात नहीं –
जज़्बातों का लावा है,
या शायद, आक्रोश है
मेरे हताश मन का।

किसी गहरे ज़ख़्म सा,
किसी पुरानी याद का,
जैसे अल्फ़ाज़ गुम हो,
किसी अधूरी नज़्म के।

बिखरा हुआ है सब कुछ
मैं समेटना चाहती हूँ,
सब सही से जोड़कर रखने की चाहत में।
पर अब बहुत बरस बीत गए,
सब बदल गया है,
और हम भी नये हो चुके हैं।
देखो, कितना साफ़ है यह दर्पण,
और चमक भी रहा है।

***

मन की रोशनी

बात सिर्फ़ लफ़्ज़ों की नहीं,
बात कुछ और थी।
गहन सन्नाटों में छिपे गहरे जज़्बात,
अंधेरों में कैद,
कहीं दुबके बैठा था दिल-ए-मायूस।
सहसा, एक रौशनी की किरण उसकी अक्षि पर पड़ी,
सभी काली, धुंधली परतें हटती दिखाई दी।
धड़कनें सहम सी गईं,
तेज़ सरसराहट महसूस होने लगी,
तन्हाइयों के साये गुम होने लगे।
मैं अब पंख सहलाने लगी।
आज भी बेबस हूँ,
उन भयानक सपनों से।
दिल घबरा जाता है,
उन बेगैरत अपनों से।
तड़प रही हैं अरमानों की लाशें,
वे कब्रों से निकल आना चाहती हैं।
आवारा सड़कों पर,
मन की खिड़कियां ज़ोरों से खड़कने लगीं।
ईश्वर से गुहार लगाती चिड़िया,

अब खुद संभलने लगी है।
व्योम पर टकटकी लगाए,
सभी से लड़ती, अश्रु संजोती,
सवालों के पिंजरे तोड़ती।
पंखों में हौसला लिए,
आखिरकार –
उड़ान भरने निकल चली है।

***

स्वयं की तलाश

है ये आँख नम,
और दिल रो रहा है।
ख्वाबों की चादर ओढ़े,
न जाने कौन सो रहा है।
अँधेरे रास्तों में,
क्यों कर रहा है तू उजियारे की खोज?
आख़िर कब तक तड़पेगा तू यूँ रोज़?
चलता-चला है हरदम,
वजूद की तलाश में।
चाहे तो ठहर जा,
पलाश की छाँव में।
तुझी में है तू –
फिर क्यों भटक रहा है?
ऐसा क्या है दिल में,
जो खटक रहा है?
अग्नि की तरह क्यों जल रहा है?
ऐसा क्या दर्द है,
जो सीने में पल रहा है?
क्यों ज़िन्दगी की कश्मकश में उलझा पड़ा है?
देख – जीवन तेरे सामने सुलझा खड़ा है।

अगर की है गलती,
तो दंड से न हिचकिचा।
कर दे इज़हार,
फिर न घबरा तू।
आज क्षमा माँग ले,
फिर से स्वयं को पा ले।
जीवन की इस डगर पर,
तू खुद को सँभाल ले।

***

एक नई शुरुआत

धैर्य ही शस्त्र है,
समय के इस प्रहार का
स्थिति यह विचित्र है,
अपने ही प्रकार की।
धीरज ही वह अस्त्र है,
जो सह सके हर व्यवहार को ।
वक़्त अब विचारों नहीं,
स्वीकारो प्रकृति के स्वभाव को।
शांत चित्त और उत्तम चरित्र ही
पहचान है श्रीराम के अवतार की।
हो जो मर्यादा से बंधे, धर्म कसौटी पर खरे –
उनकी ही जय-जयकार है।
कटु वाणी की धार पर,
सभी तर्क निराधार हैं।
स्वार्थ के व्यापार से
सदैव रिश्तों की हार है।
मंथन करो,
चिंतन करो,
निर्णय करो – क्योंकि...
यह शंखनाद की ध्वनि है,

युद्ध का बिगुल नहीं।
अंतः अस्ति प्रारंभः
यह आरंभ है
एक नई शुरुआत का।

***

कम्बल की प्रेयसी

वो हर रात बाहें फैलाकर
मेरा इंतज़ार करता –
मुझसे लिपटने को बेक़रार।
मैं भी प्रेयसी-सी
उसके ख़्वाब संजोती,
सुध-बुध खोकर उससे मिलती।
हम खो जाते –
कुछ ऐसे,
मानो जैसे अवियोज्य हों।
पर हर सुबह
मैं खुद को समझाती,
जैसे-तैसे दिल को फुसलाती,
और बड़े जटिल प्रयासों से
उससे बिछड़ आती –
अपने प्रिय "कम्बल" को
नींद भरे सपनों में छोड़कर।

***

वो पहली मुलाक़ात

कुछ इस तरह उन्होंने की थी शिरकत,
कुछ जानी-अनजानी सी थी उनकी शख़्सियत।
कुछ अनकही, अनसुनी सी थी हसरत,
कोई चोरी-चोरी, चुपके-चुपके
दिल में दे रहा था दस्तक।
ख़ामोशियाँ, हाल-ए-दिल बयां कर रही थीं,
रिश्तेदारों की खट-पट वक़्त ज़ाया कर रही थी।
फिर कुछ देर बाद
उस वक़्त का भी वक़्त आया,
जब हमने उस भीड़ में खुद को तनहा पाया।
उनकी नज़रों ने की कुछ ऐसी गुस्ताखी,
कहने-सुनने को कुछ रह न गया बाकी।
बडी मुश्किल से मैंने अपने दिल को संभाला,
धीमे-धीमे सब कुछ कह डाला।
कई सवाल, कई जवाब,
दिल की उलझन बढ़ा रहे थे।
वो हमें कतरा-कतरा पसंद आ रहे थे,
युही बैठे-बैठे ख़्यालात मेल खा रहे थे।
तभी एक आहट सी मेरे कानों पर पड़ी,
जाने की घड़ी थी, आकर खड़ी।

जाते-जाते,
वो कुछ इस कदर मुस्कुराए,
कि दिल के पन्नों पर छप सी गई
वो पहली मुलाक़ात ||

***

सुकून-ए-जुस्तजू

कुछ अरसे से
कुछ जज़्बात बुदबुदा रहे थे –
मानो दिल की गहराई में
धीमे-धीमे सुलग रहे हों।
कभी आँसू
भाप बनकर फ़िज़ा में घुल जाते,
तो कभी सपने
बुलबुले बन
खुद ही टूट जाते।
सुकून-ए-जुस्तजू की ख़्वाहिश में
मैं अक्सर अकेली फ़िरा करती थी।
कहाँ मालूम था –
इस रूह को इत्मिनान
उन तस्कीन निगाहों से मिलना है।
जब वो नन्हा
गुब्बारे बेच रहा था –
उस मासूम का दर्द
उसकी मुस्कान पर काँप रहा था।
लड़ रहा था वो भी
अपने मुकद्दर से शायद।

कोई कहता –
"बेचारा हालात का मारा था ।"
पढ़ने-लिखने की उम्र में
वो कमा रहा था –
गिरते-पड़ते
अपनी ज़िंदगी सँवार रहा था।
और उसी पल समझ आया –
जिस मुनासिब वक़्त का
उम्रभर इंतज़ार था,
वो तो मेरी मुट्ठी में ही क़ैद था –
झटपटा रहा था
किसी घायल पंछी की तरह।
काफ़ी अरसे से
जो भीतर खटक रहा था –
उसे आज मैंने
दिल-ए-गिरफ्त से आज़ाद किया।
और तभी –
रूह को सचमुच
***सुकून** आया।*

***

पन्नों में बारिश

एक रोज़ धूल उड़ी,
एक बंद यादों की डायरी से
जो कहीं रखकर भुला दी गई थी।
मानो जलने ही जा रही थी वह,
दफ़न थे कई कड़वे लम्हे और जज़्बात,
कुछ बातें, जो दिल के ख़यालों को कसैला कर देतीं।
देखते ही देखते
बारिश होने लगी, मैं दौड़ी दरवाज़ा बंद करने
तो देखा...
भीतर सब गीला हो चुका था,
मैं भीग रही थी उन पन्नों में।
तब तय किया था मैंने उस रात
यह डायरी फिर कभी न खुलेगी,
ये यादें धुंधली हो जाएँगी।
मगर आज फिर तेज़ हवाएँ चलीं,
और न जाने क्यों...
आज फिर धूल उड़ी
और मैं, आज भी
कुछ नहीं भूल पाई थी।

***

एक से भले दो

मुझे अब तक एक बात समझ नहीं आई...
कि शायद हम एक नहीं,
बस दो होकर ही बेहतर रह पाएँगे।
हाँ–
मैं तुम्हें बेहिसाब प्रेम दूँगी,
तुम्हारी हर छोटी बात को महत्व दूँगी,
तुम मेरे लिए सदैव खास रहोगे।
लेकिन फिर भी...
कभी-कभी सोचती हूँ–
क्या हम एक नहीं,
दो ही रहे तो बेहतर नहीं होगा?
मैं तुम्हें चाहूँगी... बेइंतहा।
पर...
खुद को खोकर नहीं।
मैं प्रेम में डूबना चाहती हूँ–
पर डूबकर मिटना नहीं।
मैं तुम्हारे साथ रहना चाहती हूँ,
पर तुममें खो जाना नहीं।
मैं रिश्ता निभाना चाहती हूँ–
पर खुद को छोड़कर नहीं।

इसलिए पूछती हूँ...
धीरे से...
सच में—
क्या हम एक नहीं,
दो रहकर ही ज़्यादा संपूर्ण बनेंगे?
क्योंकि...
मैं सिर्फ़ तुम्हारे साथ मुस्कुराना नहीं चाहती—
मैं तुम्हारे साथ
बेहिसाब, बेवजह, बेइंतहा
हँसना चाहती हूँ।

***

सीता की खोज

कुछ सीता की चाह में,
राम भुलाए बैठे हैं...

जिन्हें अग्निपरीक्षा तो सही लगी,
स्वयं, मर्यादाओं से ऐंठे हैं।

समझा दे कोई मुझे, राम...

क्यूँ कलयुग की रामायण में,
सतयुग की सीता ढूँढे हैं?

***

नाज़ुक जज़्बात

टूटा हैं
बहुत नाज़ुक सा कुछ
हल्का सा दर्द होता हैं |

दिल होता
तो शायद सँभाल लेती
मगर,
कोई ख़्वाब
मालूम पड़ता हैं..

जो टूटकर भी
नए सवेरे का पता देता है।

***

ज़िन्दगी के मिसरे

नीम सी हैं मेरी मोहब्बत,
यक़ीन मानिए जनाब,
आपकी सेहत के लिए बहुत अच्छी हैं।

***

इश्क़ करे, स्वादानुसार।

***

तुम इस पश्चिमी देश में,
पश्मीन-ए प्रेम, प्रिये।

***

अगर ज़िन्दगी पटरी पर न चले,
तो समझ लीजिए जनाब—
आप उड़ान भरने के लिए बने हैं।

***

ग़ज़ब लोग हैं यहाँ –
खुद करें तो व्यवहार,
कोई और करे तो विचार।

***

ये कलम भी कमाल करती है –
बेचैन से सवाल करती है।

***

कुछ ऊँचाइयाँ छूने के लिए ज़रूरी होता है,
अपनी गहराई का पता होना।
और जब कहीं दूर क्षितिज दिखाई दे,
तो वही सही वक़्त है क़दम बढ़ाने का।

***

निखरने के लिए बिखराव ज़रूरी है,
आगे बढ़ने के लिए ठहराव भी ज़रूरी है।
कहीं और मिलने के लिए रुकसती भी ज़रूरी है।
प्रेम ज़रूरी है और विरह भी।

***

www.ingramcontent.com/pod-product-compliance
Lightning Source LLC
Chambersburg PA
CBHW070652240926
51846CB00003BA/885
* 9 7 8 9 3 7 5 1 0 6 0 8 1 *